A VERDADE Sobre

OS DRUIDAS

Tadhg MacCrossan

A VERDADE Sobre OS DRUIDAS

MAUAD

1ª Edição no Brasil em 2004

Direitos de tradução em língua portuguesa
e distribuição no Brasil adquiridos por

MAUAD Editora Ltda.
Av. Treze de Maio, 13, Grupo 507 a 509 – Centro
CEP: 20031-007 — Rio de Janeiro — RJ
Tel.: (21) 2533-7422 — Fax: (21) 2220-4451
www.mauad.com.br

Tradução de
"The Thuth About Druidas"

Published by Llewellyn Publications
St. Paul, MN 55164 USA

Tradutora:
Augusta Porto Avalle

Revisor Técnico:
Geraldo Cantarino

Projeto Gráfico:
Núcleo de Arte/Mauad Editora

Ilustração da Capa:
Henri Paul Motte (1846-1922)
Óleo sobre tela - "Druids Cutting the Mistletoe
on the Sixth Day of the Moon" c. 1800-1900

CIP - Brasil - Catalogação na Fonte
Sindicato Nacional dos Editores de Livros, RJ.

M117v
MacCrossan, Tadhg, 1958-
A verdade sobre os druidas
/ Tadhg MacCrossan ; tradução de Augusta Porto Avalle. -
Rio de Janeiro : Mauad, 2004.
. - (A verdade sobre--)

Tradução de: The thuth about the druids
ISBN 85-7478-126-6

1. Druidas e druidismo. 2. Civilização celta. 3. Celtas -
Religião.
I. Título. II. Série.

04-0232. CDD 299.16
CDU 299.16

Este livro é para minha mulher,

minha tribo e

minha comunidade

neste mundo.

* Veja GLOSSÁRIO na página 57.

QUEM FORAM OS DRUIDAS?

Mencionar a palavra druida é evocar imagens de antigos feiticeiros e magos de velhas sagas irlandesas, de lendas galesas, das *Guerras Gálicas* de César e de contos folclóricos escoceses. Se você já leu a respeito dos druidas, provavelmente já guardou pelo menos uma das muitas imagens fornecidas pela literatura e pela lenda.

A caracterização popular do druida é na maioria das vezes fictícia, longe de ser fiel aos fatos e à história. Os druidas foram romantizados em papéis anacrônicos, como engenheiros do *Stonehenge* e outros megálitos; o sacerdócio das "Tribos Perdidas" do Israel antigo; xamãs da Europa ocidental pré-céltica; e bruxos da Grã-Bretanha pré-indo-européia. Na verdade, os druidas não foram nada disso.

Eles também já levaram o crédito de muitos ensinamentos, incluindo filosofia pitagórica, cabala, Mistérios da Deusa, budismo, deísmo (por meio de adulterações dos *Barddas*), panteísmo, runas e *Wicca*. Mas tudo isso era estranho aos druidas e não formava nenhum de seus ensinamentos. Agora sabemos que muito do que foi dito sobre eles, por intermédio do folclore moderno, era falso. As questões ainda permanecem: quem foram os druidas? O que eles ensinaram? O que eles fizeram?

Venha comigo. Vamos viajar de volta no tempo, para uma terra antiga. Vamos para a velha Irlanda, de antes da chegada de São Patrício para disseminar a religião da língua latina.

Nós chegamos em Tara na noite de *Samhain*. O povo fala goidélico e, na língua deles, chama o festival de *Samonios*.

Duas fogueiras estão flamejando no topo de uma colina. Entre os dois fogos está uma área protegida por uma grande cobertura de madeira, como um pavilhão de sapê, sustentada por duas vigas de madeira. Todos do vilarejo e de lavouras vizinhas estão reunidos. Vemos músicos tocando liras retangulares, que eles chamam *crottas*, e escutamos cantores entoando canções que nos lembram os ares e os cantos fúnebres das gaitas de fole escocesas. Os bardos estão vestidos com túnicas coloridas, vistosas capas de tartã ou de tecidos listrados com arremates de peles ou plumas. Algumas mulheres estão sentadas ao redor de uma mesa de madeira: entre elas, louras bem claras, ruivas e morenas. Estão enfeitadas com bonitas jóias em ouro e prata, de acordo com sua classe social e riqueza. Encontramos uma mesa de guerreiros com espadas de aço brilhante e polido em suas bainhas, e homens de pé segurando lanças altas.

No meio desta área está uma peça alta de madeira na qual se vêem muitas imagens esculpidas num trabalho de linhas em espiral. Assistimos a um homem vestido com túnica branca na altura dos joelhos e uma capa em couro branco e cinza de touro, sentado num local de destaque, chamando por alguém próximo à escultura. Ao seu lado está um homem de farto bigode castanho-avermelhado, vestido com a capa mais colorida de todas, colarinho dourado e usando um magnífico capacete cintilante com crista e projeções laterais.

Os homens próximos à escultura estão vestidos de branco, túnicas na altura dos joelhos e capas de tartã. Eles estão derramando um líquido de um jarro ricamente trabalhado em bronze e prata. Somos privilegiados por assistir a um ritual druídico ancestral em andamento!

Por sorte temos um intérprete conosco para explicar que o homem com capacete é o rei ou chefe da região. Os homens derramando o líquido e enterrando são sacerdotes; o que está sentado próximo ao rei é sua autoridade eclesiástica máxima. Quando perguntamos ao intérprete como são chamados esses cargos em sua língua nativa, ele diz que o rei é chamado de *rix* (reekhs), o homem sentado ao seu lado (o mestre de cerimônias e autoridade eclesiástica máxima do rei) é chamado de *druis* (droo-iss), os outros homens compreendem os *uates* (wah-tiss) ou *uelites* (wel-ee-tess), e o bardo entoando o ancestral hino céltico é o *gutuatir* (goo-too-ah-tur).

Nosso intérprete já se foi; estamos de volta da nossa viagem no tempo. Vislumbramos o antigo mundo celta. Vimos um druida ancestral e sua equipe de sacerdotes. Cada homem que lá estava era membro da classe conhecida coletivamente como *Druídica*. Havia outros tipos de membros da classe druídica que não vimos nesse breve episódio. Mas, por sorte, não temos que viajar no tempo para aprender sobre sua religião e magia. Podemos seguir na trilha do tempo ao estudar as tradições da forma como chegaram até nós pelo registro escrito. Um dos primeiros livros a cobrir as tradições druidas foi *The Sacred Cauldron* [O caldeirão sagrado].

A TRADIÇÃO ORAL E A CLASSE DRUÍDICA

Os antigos druidas consideravam profano gravar seus ensinamentos por escrito. Toda sua sabedoria foi passada por meio da palavra recitada em versos ou contada em histórias. Pessoas em diferentes níveis ensinaram diferentes categorias do antigo inventário de tradições.

O mais elevado no conjunto dos iniciados de cada povo celta era chamado de *Druis*, ou "Druida". Ele era conselheiro do seu chefe ou rei. O druida tinha que conhecer todos os rituais locais, leis, costumes e mitos. Ele também tinha que ser habilidoso nos versos e canções do seu povo. A mitologia das tribos celtas era preservada por pessoas como ele.

Havia também mulheres druidas especializadas no culto de deusas locais. A mulher druida era chamada de *ueleda* (we-leh-dah) ou *bendrui* (byen-dree) no Antigo Irlandês. A ueleda ou bendrui era, na maioria das vezes, uma sacerdotisa que louvava deusas como Sulis, Brigindu ou Brigantia e vivia isolada da tribo com outras sacerdotisas, vigiando a chama da lareira sagrada de sua deusa de devoção.

Alguns homens iniciados eram conhecidos como "videntes" ou "profetas", de acordo com o antigo idioma celta. Eram os *uelis* (weh-liss), videntes e poetas-mágicos (plural *uelites*); e os *uatis* (wah-tiss), profeta e poeta-mágico (plural *uates*).

O termo *velis* poderia ser usado quase como sinônimo de *Druida*, em um sentido genérico. De fato, depois que o cristianismo chegou à Irlanda, *velis* derivou-se para *fili* (fee-lyih) no Antigo Irlandês e substituiu o termo *Druida*, como uma espécie de versão secularizada, enquanto que os termos *vatis* e *uatis* evoluíram, no Antigo Irlandês, para *Faith* [fé], ou "profeta".

Hoje, a palavra *file*, do irlandês moderno, significa "poeta", e é usualmente traduzida como "bardo"; embora seja um grau hierárquico superior ao bardo. É importante compreender as diferenças técnicas entre as antigas línguas celtas, porque esses termos são usados em escritos antigos que preservam as tradições orais do sacerdócio celta.

Ironicamente, é por causa da conversão da Irlanda ao cristianismo que temos autênticas tradições druidas registradas por escrito. Como a Igreja antiga utilizava o latim como língua oficial, o alfabeto latino foi levado para a Irlanda.

A Irlanda foi o único país celta a fazer a conversão do druidismo para o cristianismo. Os outros povos celtas da Britânia (quando era habitada por galeses e córnicos, antes dos ingleses chegarem) e da Gália foram dominados pelos romanos, que eliminaram o druidismo e o substituíram por costumes e cultos pagãos romanos, no primeiro século desta era. Mas a Irlanda permaneceu uma terra governada por vários pequenos reinos celtas, ou *toutas* (tribos). Mesmo depois, quando os primeiros nórdicos, saxões e normandos invadiram a Irlanda, muitos deles foram convertidos à cultura celta pela língua e costumes gaélicos, às vezes até abandonando totalmente sua herança germânica. A Irlanda, então, conservou-se culturalmente celta e a Igreja teve que se adaptar a isso.

Muitos dos antigos clérigos cristãos irlandeses haviam sido *filídh* ou "poetas" na sua tradição celta nativa, antes de se converterem e de se tornarem monges, padres ou bispos. São Columcille foi um "fili" antes de se tornar um cristão. Muitos destes homens utilizavam o alfabeto latino, em seu tempo livre, para escrever no Antigo Irlandês, que era a sua língua nativa, e registrar seu conhecimento. O druidismo era freqüentemente praticado lado a lado com o cristianismo e estudiosos notaram que, embora às vezes as tradições fossem camufladas, os monges também preservaram costumes, filosofias e assuntos indo-europeus muito antigos.

Muitos desses escritos irlandeses muito antigos e medievais ainda não foram traduzidos para o inglês e só estão disponíveis no Antigo ou no Médio Irlandês. É por esse conjunto de textos que os especialistas em mitologia indo-européia comparada e filologia têm sido capazes de aprender boa parte da cultura dos povos celtas.

ORIGENS CELTAS

Os celtas foram os povos de Gália (França, Suíça, Bélgica, Boêmia e Galiza, na Espanha), Britânia (agora País de Gales, Cornualha e Bretanha, na França), Escócia e Irlanda. Um grupo de povoadores gauleses também colonizou a Galácia, onde hoje é a Turquia.

Os celtas estavam relacionados de uma forma muito próxima com os germânicos, bálticos, eslavos, romanos, oscenses, trácios e gregos; e de uma maneira distante com os arianos do Irã e da Índia. Todos estes povos eram descendentes de tribos que habitaram a Rússia e a Ucrânia aproximadamente há cinco mil anos. Evidências arqueológicas e lingüísticas demonstram que estes povos tiveram religião e tradições próprias, preservadas oralmente através dos séculos. A magia celta, da forma como foi transmitida dos druidas à literatura do Antigo Irlandês, preserva muitas dessas tradições arcaicas.

RELIGIÃO CELTA

O druidismo pode ser usado como sinônimo de religião e magia celtas. Para entrar neste sistema mágico-religioso, certa familiaridade com a mitologia faz-se necessária. A mitologia celta é melhor representada no *Irish Book of Invasions* [*Livro Irlandês das Invasões*] ou *Lebor Gábala Érenn*. Estes contos nos oferecem uma pseudo-história da Irlanda, desde a criação e chegada dos deuses até o aparecimento da humanidade.

Os deuses superiores da Irlanda pagã eram chamados de *Tuatha Dé Danann*, "*toutas* da deusa Danu." Estes eram os deuses do céu e do paraíso. Aliados a eles estavam os deuses da terra, do fogo e dos cavalos, além de uma família de deuses. Os inimigos de *Tuatha Dé Danann* eram os gigantes, ou *fomors*, que se opunham aos deuses e aos seus valores. Os *Tuatha Dé Danann* (ou deuses) representavam ordem, ensinamento, sabedoria, habilidade, tecnologia, indústria, força, coragem, produtividade e fertilidade, assim como luz, calor, progresso e beleza. Os gigantes representavam avareza, opressão, rudeza, covardia, ignorância, vulgaridade, pobreza, e crueldade, assim como escuridão, estagnação, feiúra, brutalidade, enfermidade e desordem. Os valores dos deuses eram valores da sociedade celta e representavam os ideais saudáveis da sociedade e do indivíduo.

No topo do panteão celta estava Lugus, o Braço-Grande, seguido por Noudons, o Braço-de-Prata. Em seguida, vinham as divindades Uindos (ou *Cernunnos*, como foram popularizadas na Grécia), Ogmios, Brigindu, Maponos e Epona. A religião celta idealizou suas virtudes em um esquema tríplice que envolvia ensinamentos, força e riqueza, que, por sua vez, fazia parte de uma espécie de divisão quintúplice dos deuses, assim como fizeram outras mitologias Indo-européias:

1 - Lugus (loo-goos), o rei-mágico
Noudons (nuh-oo-dohns), o sacerdote-juiz
2 - Ogmios (ohg-mee-awss), o guerreiro
3 - Epos Olloatir (ollo-ah-tur), o deus do cavalo
Epona (eh-paw-nah), a deusa do cavalo

Uma compreensão do panteão celta pode vir de uma leitura cuidadosa do primeiro conjunto de obras literárias irlandesas, que não somente inclui o *Lebor Gabála Érenn* mas também as lendas dos ciclos Feniano e Ulster. O ciclo Ulster inclui as contos de CúChullain, o grande herói celta e uma encarnação de Lugus; Conchobhar Mac Nessa; Aillil e Medhbh ("Maeve"); e o épico *Táin Bó Cuailnge* ("Cattle Raid of Cooley") [Ataque ao Gado de Cooley"]. O ciclo Feniano é composto de histórias sobre os Fenianos (ou *Fianna*), bandos de guerreiros da Antiga Irlanda, centrados em torno do famoso "Finn", o Finn Mac Cumhail. Entre os homens de Finn Mac Cumhails estava Cailte Mac Ronan, que se tornaria famoso por seus debates filosóficos com São Patrício tempos depois; Conan Mael, conhecido por sua agudeza de raciocínio; e Diarmuid ("Dermott"), renomado por sua beleza. Finn é a mais célebre encarnação do deus celta Uindos, ou *Cernunnos*.

As façanhas de CúChullain nos contam de sua mística encarnação metagenética do elevado deus pan-celta Lugh (Lugus). Lugh aparece no *Táin* e outros contos do ciclo Ulster, assim como Odin na saga Volsunga e Hermes nas lendas gregas.

Isso nos mostra um pouco mais sobre os atributos e o caráter das principais divindades do panteão céltico e germânico e por que os romanos identificaram Lugus e Wodan com Mercúrio

(Hermes). Lugh e Odin têm muito em comum, tanto em atributos quanto em aparência, o que sugere um ancestral comum em um passado longínquo.

Finn Mac Cumhail é uma encarnação do deus, caçador selvagem e guerreiro-poeta *Cernunnos*. Também podemos encontrar essa divindade representada em outras lendas medievais irlandesas e galesas. Os Fenianos eram tão habilidosos nas artes mágicas da poesia e da luta que pareciam ter sido uma combinação de guerreiros e druidas, com a liberdade druídica de se moverem de um território tribal para outro. Estudiosos identificaram os contos Fenianos com outros *männerbunds* indo-europeus, como *Eriloz* ou Erulians dos povos germânicos. Os ciclos de lendas Feniano e Ulster são cheios de magia e grande fonte de conhecimento sobre a natureza das divindades de *Tuatha Dé Danann*. Assemelham-se, genericamente, aos *Aesir* e *Vanir* dos povos germânicos, aos *Devas* dos indianos védicos e aos gregos olimpianos.

Muito foi dito das deusas célticas, particularmente das deusas tribais da terra e dos rios. Vários neopagãos tentaram sincretizar todas elas em uma única deusa que eles chamaram "Mãe Terra", mas as tradições célticas não falam de nenhuma "Mãe Terra" – assim como não há evidência de que eles concebiam a Terra como uma divindade. A mais importante deusa dos celtas não foi a Lua nem o solo, mas, sim, a terra da tribo ou *touta* – a deusa da soberania. Reis e chefes tribais deveriam ser casados ritualisticamente com ela para poderem governar. Acreditava-se que a deusa estava encarnada em uma égua branca, que deveria ser sacrificada para liberar seu espírito. Sua carne era consumida pelo rei e seu povo, na crença de adquirirem um pouco da essência divina da deusa. Esta deusa-égua era a "Grande Mãe", arquétipo feminino visado por todo homem em sua esposa e objeto de inspiração dos poetas. Ela representa aquilo que é sexualmente atrativo para os homens e tornou-se um guia para os cavalgantes quando encarnada como égua. Ela tinha muitas *hipóstases* (manifestações) como deusas locais entre as várias tribos; cada tribo tinha sua manifestação local da deusa. Ela foi posteriormente chamada de *banshee* (beansidhe), que significa, literalmente, "mulher de paz" (o termo "paz" foi usado como um eufemismo para designar espíritos e assombrações nos folclores irlandês e gálico-escocês posteriores).

Essa deusa local não era nem uma donzela nem uma matrona ou anciã da lua (como uma teoria do século XX teria dito). Também não era, necessariamente, remanescente de uma religião "matriarcal", uma vez que era um ideal do desejo masculino. Suas manifestações eram de deusas indo-européias de estilo triplo, representando as três virtudes indo-européias:

1 - Sabedoria ou poesia e conhecimento (para deuses e druidas)
2 - Força física ou saúde e coragem (para guerreiros)
3 - Produtividade, fertilidade e sexualidade (criadores)

As deusas que representavam essas qualidades entre os *Tuatha Dé Danann* eram Morrígu e Brigit. Brigit, por sua vez, era filha de *Dagda* (doyda), que era conhecido como *Eochu Ollathir*, ou "cavalo todo-poderoso". Morrígu era uma das amantes de Dagda, assim como também era de Nemed e Nuada. Quando Nuada foi substituído por Lugh, este tornou-se rei e marido de Morrígu. Morrígu é a deusa tribal dos *Tuatha Dé Danann*, da mesma maneira que cada povo tem sua própria deusa local: Sinand do Shannon, Matrona do Marne, Aine de Cnoc Aine (Knockany), Teamuir de Tara, Tailltiu de Teltown, Macha de Ard-Macha (Armagh), Sequana do Sena e Brigantia dos Brigantes. É importante notar que quando Morrígu de *Tuatha Dé Danann* toma sua forma de guerreira, ela aparece como um corvo nos campos de batalha apanhando os espíritos de guerreiros mortos e levando-os para o reino dos céus além deste mundo, como *Tír na nóg* ou *Tír na mBeo*. Nesse aspecto, ela é muito similar a deusas como as Valquírias teutônicas e Erínias ou Eumênides dos Gregos.

Também está evidenciado nas tradições gaulesas (conforme contado pelos gregos), e comprovado arqueologicamente, que o deus Lugus era acompanhado por corvos ou gralhas, assim como o deus germânico Odin e seus dois corvos (Huginn e Munnin) e as Valquírias. Dois personagens divinos do *Mabinogi* (mah-bin-oh-gge) galês têm nomes significando corvo e pega: *Bran* e *Branwen*. Bran aparece nas lendas irlandesas como um deus do mar e tem conexões, também, com o mar nas lendas galesas. Lugus, como Odin, era o rei dos deuses no panteão céltico, acompanhado de corvos e gralhas, carregando uma lança, e com um dos olhos fechados para fazer sua mágica (Odin ofereceu seu olho); assim como o grande Zeus em Teogonia, de Hesíodo, ele liderou os deuses de *Tuatha Dé Danann* na vitória sobre os gigantes Fomorians. É possível traçar um paralelo entre o nascimento e a infância de Lugh com os de Zeus.

Lugh foi escondido do seu terrível avô materno, Balor, o Fomor, por seu tio por parte de pai Goibhniu (*Gwydion* em galês), deus ferreiro que trouxe Lugh para seus pais adotivos e lhe ensinou todas os ofícios e habilidades. Goibhniu construiu uma lança mágica para Lugh, com a qual ele deveria assassinar seu terrível avô materno. Zeus, por sua vez, também foi escondido do seu pai, Cronos, na ilha de Creta, e foram-lhe oferecidas armas mágicas pelos Ciclopes. Assim como Lugh matou

Balor, Zeus matou Cronos. Ele também libertou seus irmãos e irmãs do panteão olímpico e começou uma guerra entre os deuses (Olimpianos) e os gigantes (Titãs).

Nuada era chamado *Noudons* no Antigo Celta, e Nudd ou *Lludd Llaw Ereint* no Médio Galês. Seu nome significava "pescador" ou "caçador". Ele era o deus aleijado do panteão céltico e foi substituído por seu primo Lugh. No *Livros das Invasões*, a história da Primeira e Segunda Batalhas de Magh Tuired (Moytura) é o mito central da dupla liderança. A literatura galesa tem sua versão medieval e romântica na lenda de *Llud e Llewellys*.

Nuada ou Nudd muito se assemelha ao germânico Tyr; ambos são deuses de um braço só que se tornaram parceiros do mais elevado deus (Lugh ou Odin). Há paralelos com o Rig Veda da Índia, na simbiose entre Mitra e Varuna, e também, na religião romana muito antiga, com Júpiter e Dius Fidius. Noudons era pai de Uindos (Finn, Gwynn). Seu personagem sobreviveu nas lendas arturianas como o rei pescador e, como Artur, ele enviou seus homens em busca do Graal.

O ciclo Feniano é muito similar ao ciclo Arturiano, porém mais puramente celta e desprovido de influência cristã. A história chamada *Acallamh na Senorach*, ou "Conversa dos Velhos Homens", é um argumento entre Cailte Mac Ronan e Patrício sobre druidismo (a religião pagã celta) e o cristianismo. Esta é uma parte do ciclo Feniano cheia de humor e discurso filosófico. Outra história feniana, posterior na tradição, é chamada *Oisín em Tir na nÓg*, sobre o filho de Finn Mac Cumhail, *Oisín* (Usheen) ("pequeno cervo"), que foi convidado e levado para o Outro Mundo. Quando ele colocou os pés no solo, após seu retorno ao Mundo Intermediário, tornou-se subitamente um homem velho. Em muitos destes contos mágicos, o tempo é distorcido por uma viagem ao Outro Mundo (seja além das ondas do ocidente ou no Mundo Subterrâneo). Uma hora no Outro Mundo podia ser anos neste mundo; da mesma forma que horas ou dias poderiam ser apenas alguns minutos aqui.

Uma quantidade razoável de informações sobre a religião celta foi coletada de antigas inscrições gaulesas em objetos de culto enterrados junto com os mortos ou jogados em poços e fontes como oferendas às divindades. Alguns objetos foram deliberadamente esmagados e enterrados como oferendas aos *Deuoi* (deuses). O lugar usual para o ritual teúrgico, reverência aos *Deuoi*, ou veneração dos antepassados, era numa área sagrada chamada *nemeton* (uma clareira no centro de um bosque), no topo das montanhas, perto de um curso de água ou no centro de um território tribal. Freqüentemente, havia um poço para se atirar objetos ao Mundo Subterrâneo, ou então pertences eram enterrados ao seu redor. Havia, também, fogueiras sagradas nas quais sacrifícios eram prestados, como acontece nas religiões hindu e parse.

Mais de trezentos nomes divinos foram encontrados nas antigas inscrições gaulesas, porém muitos eram epítetos, apelidos ou nomes locais de fantasmas e outras entidades sobrenaturais. Observações romanas e gregas oferecem vasto material sobre a cultura e religião dos gálios e britanos (antigo País de Gales), mas as fontes mais precisas e confiáveis são de César, Pompônio Mela, Ateneu, Estrabão e Diodoro da Sicília. Plínio, o Velho, fez comentários sobre alguns assuntos triviais e exagerou os aspectos negativos dos velhos druidas gauleses, enquanto que muitos escritores greco-romanos posteriores inventaram, ou deturparam, histórias e boatos sobre os druidas. Algumas dessas falsas interpretações envolveram a doutrina de transmigração das almas, que pensaram ser similar à doutrina ensinada pelo filósofo grego Pitágoras. Os druidas, aparentemente, ensinaram uma filosofia que, embora envolvesse o mundo abstrato da música, do tempo e das proporções divinas, era muito diferente daquela ensinada pelos discípulos de Pitágoras.

Uma observação notável feita por um grego antigo comparava os druidas aos magos da Pérsia e aos bramas da Índia. Em termos gerais, havia muitas similaridades; os druidas eram um sacerdócio que compartilhava as mesmas funções na sociedade celta que os magos e os bramas em suas respectivas culturas. Todos os três tinham herdado os mesmos pensamentos arcaicos indo-europeus de seus antepassados. A religião celta – com seu sistema de druidas, politeísmo, rituais e encarnações de deuses como famosos heróis – é muito parecida com a religião dos indianos antes da ascensão do budismo, com os cultos de *Krishna* e *Shiva*, o jainismo e outros movimentos reformadores. Rituais druídicos eram similares aos rituais da religião zoroástrica dos Magos (Mobads). Hoje, o Zoroastrismo sobrevive entre os indianos de origem persa (chamados parses) que preservaram as tradições contra a opressão islâmica.

Os Mobads (magos) dos parses e os bramas do hinduísmo ortodoxo são primos distantes dos druidas célticos, mas, ao contrário dos druidas, sobreviveram até hoje, intactos, preservados pela conversão em massa.

RENASCIMENTO

No Antigo Celta (gaulês-britão e goidélico), a palavra usada para renascimento era *ategenos* (*aithghen*, no Antigo Irlandês). Nessa doutrina de reencarnação limitada, o espírito do antepassado renascia entre seus consangüíneos. Isso significava que certas características herdadas – e, até mesmo, um próprio *deuoi,* deus de *Tuatha Dé Danann* – apareceriam ou reapareceriam de tempos em tempos numa linhagem familiar.

Mais freqüentemente, entretanto, significava que uma determinada divindade escolheria favorecer uma linhagem em particular e encarnar nela e, assim, uma criança poderia nascer possuindo certas características dessa divindade. A criança não incorporaria, necessariamente, a personalidade do espírito ou divindade (embora este teria sido o caso dos grandes heróis), mas certos atributos ou talentos seriam desenvolvidos como dádivas dessa divindade.

Este fenômeno foi interpretado como renascimento, mais ou menos da mesma maneira como uma mãe poderia dizer que sua criança "tem os olhos do pai", ou um pai poderia dizer que seu filho "tem o talento da mãe para a música". Hoje, muitas pessoas tendem a interpretar essas características como herança genética, mas isso foi passado pelos druidas como sendo uma forma de renascimento e considerado como tal pela fé celta. Possessão espiritual era outro aspecto dessa crença, mas *ategenos* era muito diferente das concepções modernas de reencarnação e carma emprestadas da teosofia e certas seitas do hinduísmo, que também afirmam que as pessoas são punidas pelos pecados pagando por eles na próxima encarnação. Os druidas nunca ensinaram que as pessoas seriam recompensadas ou punidas de acordo com os princípios associados ao processo de reencarnação cármica. Os druidas teriam achado tais idéias absurdas.

Os deuses, ou divindades superiores, eram criativos, espíritos de múltiplas aparências e podiam encarnar sob várias formas por meio de sua mágica. Eram, de fato, manifestações de uma força maior do que eles próprios, capazes de assumir diferentes formas ou aparências, assim como andar no reino terrestre do mundo manifestado. Esta é provavelmente a razão pela qual os druidas evitavam representações dos deuses como humanos na arte, até serem conquistados pelos romanos. Do mesmo modo, os romanos equipararam *Lugus*, assim como *Woden*, ao seu próprio Mercúrio (Hermes), que era considerado o mensageiro dos deuses. Os deuses celtas eram como os devas da religião védica.

OS REINOS

De acordo com antigas crenças celtas, coexistem três reinos principais: o Mundo Subterrâneo, associado ao passado; um reino terrestre do Mundo Intermediário, associado à realidade manifestada; e o Mundo Superior, associado à realidade potencial e dos possíveis futuros onde os conceitos abstratos residem com o divino.

As planícies dos reinos são divididas em quatro partes por um eixo vertical que interconecta e as liga entre si. Esse eixo (*Bilios*) é uma versão da "árvore do mundo", similar à *Yggdrasil* germânica ou à concepção grega de *ônfalo*. Todos os reinos convergiam-se no centro. O tempo flui como as águas dos rios, da parte superior para a inferior e do leste para o oeste. Os reinos do sul são associados com aquecimento, energia e o calor do verão em uma metade do ano, enquanto que os reinos do norte são associados com a estática e o frio do inverno. O sul e o leste são de *Deuoi*, ou *Tuatha Dé Danann*, enquanto que o norte e o oeste são reinos dos *Fomors*.

Essa é a razão pela qual os mitos retrataram a chegada dos deuses na costa sudeste da Irlanda e os gigantes habitando a ilha Tory na costa noroeste. As divindades de *Lír* (oceano), os benevolentes deuses do mar, habitavam no sudoeste, além das ondas. Os *Tuatha Dé Danann* também eram associados a quatro reinos: *Falias* (fail), "debaixo da pedra"; *Gorias* (gor), "calor"; *Findias* (find), "branco"; e *Muirias* (muir), "mar". *Lia Fail* (lee-uh foyl ou lee-uh faw-yil) significa "a rocha debaixo da pedra"; é uma analogia divina da "pedra da verdade" – uma rocha plana com pegadas encravadas em que se ficava em pé durante juramentos e testemunhos.

Isso valia para o reino manifestado. *Findias* e *Gorias* pertenciam aos reinos da atmosfera e fogo, ou luz do céu. *Muirias* são certamente as águas que rodeiam a Terra, no mundo manifestado. O mar e outros corpos de água eram considerados entradas para o Mundo Subterrâneo, domicílio aquático sem local fixo embaixo da terra.

Os três principais reinos:

- O Mundo Superior, denominado *Nemos* ou *Uindo-magos* (em galês, *nef* ou *gwynfa*; em irlandês, *neamh* ou *Magh Find/Magh Findargat*);
- O Mundo Intermediário, denominado *Mediomagos* (em irlandês, *Magh Midi*);
- O Mundo Inferior, denominado *Andumnos* ou *Antumnos* (em galês, *Annwn*, ou *Annwfn*; em irlandês, *Andomhain*).

Até mesmo a geografia da área rural refletia as concepções celtas da magia do tempo e espaço. A Irlanda era dividida em quintos, chamados *cóicit* em Antigo Irlandês, agora traduzidos como "províncias". Quatro deles ainda estão representados em mapas da Irlanda de hoje:

- Leinster (ou Laigin) no leste
- Munster (ou Mumu) no sul
- Connaught (ou Connacht) no oeste
- Ulster (ou Ulaid) no norte

Mide ("meio") era o quinto central, agora na memória do condado de *Meath* e West *Meath*, onde hoje é

Leinster. A província de Mide ou Meath era o centro de rituais onde os tuathas/toutas (tribos) da Irlanda se reuniam anualmente e realizavam festivais.

TEMPO

A mais antiga forma indo-européia de medição do tempo era a lua, o que revela a natureza do calendário celta. Os celtas nunca se afastaram da medida de tempo lunar, uma vez que os druidas a preservaram a partir da tradição indo-européia. Felizmente, para os celtistas de hoje, antigos calendários celtas foram desenterrados na França. O mais impressionante é o calendário de Coligny; os outros são fragmentos de calendários duplicados.

O chamado "calendário-árvore", no qual nomes de árvores em ogamo são usados como nomes de meses (em certas formas de feitiçaria neopagã) não são muito antigos em sua origem e, infelizmente, não têm conexões com os druidas. São criação de Robert Graves em seu livro *The white goddess* (A deusa branca). Muitos grupos neopagãos seguidores de Diana usam essa invenção de Graves, mas o verdadeiro antigo calendário celta (um produto dos druidas) era diferente e um pouco mais complicado de calcular.

Muitos nomes de meses no calendário celta moderno são pré-cristãos na sua origem, como *Mi na Shamna*, "o mês de Samhain", cognato com o gaulês *Samonios* (que apareceu no calendário Coligny). O festival de Samhain era conhecido como "três noites do mês de Samhain", *trinouxtes Samoni* em gaulês, e *Trenae Shamhna* em Antigo Irlandês.

Variações nos calendários celtas posteriores mostram que nomes de meses em latim substituíram alguns nomes na língua nativa e que variações locais ocorreram no período pré-cristão. Evidências também mostram que, nos calendários celtas mais antigos, certos nomes de meses eram muito utilizados, como o mês "negro" de *Dumannios, An Dúdlachd, Mis Du* ou *Miz Du,* os quais ocorriam em torno de dezembro e janeiro no calendário romano (juliano-gregoriano). No entanto, não havia meses de *Beth, Luis, Fern,* ou *Saille,* do modo como foi mal-interpretado ou inventado por Graves.

Além disso, os verdadeiros meses celtas eram divididos em quinzenas que começavam próximo ao primeiro quarto da lua nova, com a segunda quinzena tendo aproximadamente quinze ou catorze noites, dependendo se o mês era *matus,* ("bom, afortunado"– de 30 dias de duração); ou *anmatus,* ("sem sorte"– de 29 dias de duração). O calendário celta mais antigo era calculado pelos druidas e mostra pontos em comum com o calendário grego pré-cristão, teutônico e hindu.

FESTIVAIS

O ano era denominado *bleidoni* (doze meses, ou treze no ano bissexto) e era dividido em duas principais estações: *samom,* "verão", e *giamon,* "inverno". O *sonnocingos,* "março-solar", era o termo para um ano solar de 365,5 dias. Um *bleidoni* tinha quatro festivais: *Samhain* (sah-win), *Oimelc* (im-elg), *Bealtaine* (byel-tin-uh) e *Lughnasadh* (loo-nuh-suh). Não havia celebrações de solstícios ou equinócios, como muitos neopagãos de hoje têm, erroneamente, atribuído. Tais festivais como *Yule, Ostara, Saturnalia, Midsummer* [Meio do verão], *Charming of the Plough* [Feitiço do Arado], Lupercalia e Walpurgisnacht eram estranhos aos Celtas. Eles nada sabiam sobre estes festivais em tempos pré-cristãos. *Candlemas, Lammas* e *Hallowe'en* **são** festivais celtas que foram cristianizados; *May Day* [Primeiro de Maio] tornou-se um festival da primavera.

Oferendas eram feitas, provavelmente, a cada lua cheia, ou por volta da sexta noite do mês quando a lua estava crescente. Esta noite era chamada o *iuos* (ee-wawss); a segunda quinzena era chamada *atenouxtes,* "re-noites" ou "noites-de-novo", quando a lua estava minguante. Louvações diárias ao sol eram provavelmente feitas ao amanhecer, de maneira parecida às saudações teutônicas da suna ou ao gaiatri hindu-bramânico. A maioria dos festivais celtas começavam, na verdade, na décima-quinta noite do mês. *Lughnasadh* durava uma quinzena inteira e, às vezes, até mais! Era uma espécie de versão celta para os jogos olímpicos de hoje, mas promovida anualmente.

ESCATOLOGIA

Escatologia é o fim de uma era em um sistema religioso. A escatologia celta não é "linear", mas cíclica, como os ciclos de tempo hindu e teutônico. Os teutônicos acreditavam em *Ragnorok*, que marcaria o fim dessa era. O mundo seria destruído por fogo e gelo, os deuses e gigantes lutariam entre si e o mundo renasceria em uma nova criação. No hinduísmo, há o *kalpa*, no qual um novo começo também virá após a destruição do cosmos.

Uma crença de que fogo e água destruiriam o mundo manifestado também foi mantida pelos druidas antigos. Estrabão escreveu sobre tal doutrina, pregada pelos druidas gauleses. Esta idéia, indo-européia em sua origem, é provavelmente a fonte da doutrina cristã da ressurreição da humanidade no Dia do Juízo Final. Para os celtas, entretanto, a morte era o fim do corpo manifestado e de sua forma integrada; a entrada do espírito transcendente para o Mundo Superior e da sombra não-transcendente para o Mundo Subterrâneo. A alma viva de uma pessoa passava para seus descendentes ou para os descendentes de seus parentes, para renascer. A "sombra" era o fantasma, *púca* (assombração, espectro) ou *taibhse* que podia assombrar lugares e era, também, a explicação celta para *poltergeists* e assombrações. A sombra também podia assumir uma forma corporal.

O controle do *púca* e *anatios/anatia* (espírito) é que chamamos de magia de autotransformação: a mais elevada forma de magia, a magia da autodisciplina.

MAGIA CELTA

Os druidas e os *filídh* [poetas] eram conhecidos por suas profecias e misticismo. Esses poderes eram manifestados de diversas formas, por meio de ensinamentos e versos que compunham as bênçãos e maldições, e a memorização de antigos hinos, cantos e encantamentos. A canção básica era chamada *cantalon* em gaulês (*cetal*, em Antigo e Médio Irlandês). Outra forma de verso era chamada *lay* (ou *laedha*, em Antigo Irlandês). Palavras, cantos e o discurso poético eram considerados mágicos na cultura celta, e certas formas de poesia ou verso eram usadas para se obter efeitos. Um feitiço druídico seria, então, alcançado ao se cantar um certo tipo de canção. Referências a essas canções foram achadas em antigas inscrições gaulesas, assim como em textos irlandeses como o *Book of Ballymote* (*Livro de Ballymote*), e faziam parte do treinamento de quinze anos nas *Filídhecht* ou escolas "bárdicas". Assim, certas formas de poesia ou verso eram usadas para se conseguir certos efeitos. Palavras, cantos e o discurso poético eram considerados mágicos na cultura celta, e alguns *filídh* irlandeses também tinham que aprender *ogamos* – numerais, caracteres cifrados e códigos feitos de riscos talhados ao longo de uma ponta reta ou galho. Ogamos foram, inicialmente, numerais primitivos e dispositivos mnemônicos, mas, posteriormente, passaram a ser usados para memorizar e grafar sons do início da língua irlandesa, e para adivinhações. Existiam, originariamente, 20 caracteres do ogamo, mas, nos tempos medievais, os *filídh* inventaram mais cinco, chamados *aicmo forfeda,* ("grupo extra de madeiras - letras"), para grupos de consoantes ou ditongos. Entre outros fenômenos naturais, listas de árvores, animais, montanhas e cursos d'água faziam parte do sistema ogâmico. Somente depois, os nomes de árvores passaram a ser associados com o alfabeto ogamo.

Em nenhum texto do Antigo Irlandês é possível encontrar alguma evidência do ogamo representando meses; tampouco representou versos da *Song of Amerigan* [*Canção do Amerigan*] ou o *Cad Goddeu,* "Batalha das árvores". Apesar de existirem caracteres ogâmicos representando árvores, as árvores em si representavam muitas coisas, tais como peças de jogo de tabuleiro, como o *fidhchell* irlandês ou o "woodskill" (*gwyddbwyll*, em galês), e *brandubh* ("corvo negro"). As árvores também poderiam representar pessoas, uma vez que as pessoas descendiam da árvore-do-mundo *Bilios* (*Bile*, em irlandês).

Os poetas-mágicos irlandeses como os *filídh* graduavam-se nas escolas bárdicas, cujo grau máximo era um *ollamh* (oll-uo), equivalente a um PhD do período medieval irlandês. O *ollamh ré filídhecht* concedia muitos privilégios que só eram desfrutados por druidas superiores nos tempos pré-cristãos. Deles esperava-se que trabalhassem como mestres de cerimônia em ocasiões reais e também como conselheiros para seus reis. Havia também especialistas, como os *Brehons*, cujo domínio eram as leis, e *seanchaídhe* ou *shanachies* que se especializavam em história, contos e genealogia. Cantores (bardos), músicos, físicos e curandeiros também passavam por treinamento similar.

Cerimônias *filídh* como *tarbhfeis (tarvaysh)*, ou "sonho de touro", envolviam um tipo de adivinhação incubada; similarmente, o *imbas forosnaí* (imviss fo-ros-nee) era uma incubação ou um estado de sonho lúcido induzido por um encantamento e derramamento de sangue animal ou água no rosto.

Muitas dessas incubações envolviam dormir ou sonhar sobre o couro de um touro ou boi sacrificatório. Várias outras técnicas de magia dos *filídh* foram encontradas em *Book of Ballymote* [*Livro de Ballymote*], *Book of the Dun Cow*, [*Livro da Vaca Dun*], *Cormac's Glossary* [*Glossário de Cormac*] e em contos fenianos.

O *adbertos* (ahd-bayr-taws) (*aberth*, em galês, *idhbairt*, em Antigo Irlandês) era a cerimônia básica, o sacrifício celta ou a comunhão com os deuses, similar ao *yajna* hindu e ao *blót* nórdico. Uma das cerimônias mais famosas era o *Epomeduos*, que era conduzido na Irlanda medieval conforme Giraldus Cambrensis. Envolvia o casamento de um chefe de tribo ou rei com uma égua. A égua era imolada e sua carne consumida por todos que participavam da cerimônia. Essa tradição sobreviveu na forma de danças típicas nos costumes do folclore moderno. A forma mais simples de um *adbertos* era abençoar uma porção de comida e então ofertá-la a uma fogueira, ou enterrá-la em um terreno sagrado. A comida tradicional usada nas cerimônias druidas modernas é o bolo de aveia ou cerveja, mas outros alimentos também podem ser usados. Tais oferendas são feitas em todos os festivais e encontros, e têm muitas funções.

No pensamento moderno ocidental, um *adbertos* poderia ser considerado uma forma de magia, assim como os rituais associados com os grimórios cabalísticos são coletivamente referidos como uma mágica cerimonial. Mas no sistema céltico não há necessidade de envolver o sistema hermético de misturar horas astrológicas, certas pedras, cores, o *sefirot* [números elementares] cabalístico, rituais banidos, círculos, pentagramas ou afins; essas eram práticas que fugiam aos costumes e poderiam ser dissonantes se incorporadas ao sistema druídico.

Muitos grupos tentaram misturar o sistema céltico com sistemas não-célticos como a cabala, Wicca, nativismo americano, vodu, teutônicos e greco-romanos, mas tal mescla provavelmente não faria jus a nenhum desses sistemas. Um determinado sistema religioso deveria ser estudado profundamente e praticado dentro de seu próprio contexto cultural. Muitas religiões tribais e populares nunca pretenderam ser sincretizadas com outras para formar religiões universalistas.

Reviver uma antiga religião étnica popular é como manter vivas espécies em extinção, ou preservar a língua ou cultura de uma minoria. Misturar essa herança com outras tradições religiosas pode roubar sua força e diluí-la em mediocridade. A chave para a verdadeira empatia universal não é a universalização, mas o entendimento de cada sistema religioso em seu próprio contexto e a tolerância de crenças que diferem das nossas.

VESTIMENTAS DRUÍDICAS

A aparência dos druidas é conhecida por nós por meio de duas fontes principais: escritos greco-romanos e tradição medieval irlandesa. Existem também algumas evidências que vêm dos folclores irlandês e escocês. Os druidas vestiam túnicas brancas, que na antiguidade irlandesa era na altura dos joelhos. O conceito dos seus mantos brancos foi formado por equívocos nas traduções inglesas de Plínio, que mencionava *candida vesta*, "peças de roupas brancas", em referência à coleta de visco [um ritual de fertilidade relacionado a esta planta que floresce no inverno]. Plínio não disse, entretanto, *mantos* brancos, mas *peças de roupas* brancas ou *vestuário* branco. Ele estava, provavelmente, descrevendo uma túnica ou uma capa. Essas vestimentas faziam parte do vestuário usado pelo chefe bardo nas inaugurações de chefes de clãs das Highlands [Terras Altas] escocesas.

Registros tanto de tradições irlandesas quanto escocesas também mencionam um cajado ou cetro branco de madeira enfeitado com metal, o que foi confirmado pelos achados arqueológicos. O cajado ou cetro era levado como um distintivo do cargo.

Registros de tradições irlandesas também falam de mantos feitos de penas de pássaros dos filídh, mantos de couro cinza ou branco de touro dos druidas e de bardos usando cabelos trançados. Os druidas eram freqüentemente descritos como calvos (muitos tinham o apelido de *Mael* – calvo, no Antigo Irlandês). A cabeça calva era provavelmente uma espécie de tonsura druídica, presumivelmente do mesmo tipo de cabeça parcialmente raspada usada pelos clérigos irlandeses posteriores e condenado pela igreja romana como não-conformista. Esse tipo de tonsura é feito raspando-se o cabelo de orelha a orelha, ao longo da parte da frente do cabelo. Isso dava a aparência de um recuo do cabelo ou de uma testa muito alta. É interessante notar que os bramas indianos têm um corte muito similar!

Um druida chamado Mogh Ruith foi descrito usando um adorno de cabeça com penas pintadas; talvez fosse uma espécie de chapéu de pássaro ou um capacete com asas esvoaçantes. É verdade que os druidas usavam foicinhos de bronze com ornamentos dourados para cortar ervas medicinais sagradas (por exemplo, o relato de Plínio sobre a coleta de visco), mas não há registros deles conduzindo foicinhos como um emblema de suas funções.

Não há menção de druidas usando barbas, bigodes ou o rosto todo barbeado. O uso de bigode era uma moda típica gaulesa nos tempos antigos. Homens gálio-romanos apareciam em esculturas com bigodes e grandes costeletas, considerados uma barbaridade para o gosto dos romanos. Celtas antigos preferiam cabelos longos em relação ao estilo romano: a moda romana posterior prevaleceu na Gália por alguns séculos depois, até as modas germânicas aparecerem com as invasões dos burgúndios, francos e góticos.

As mulheres celtas vestiam-se com túnicas de pregas na altura dos tornozelos ou saias também na altura dos tornozelos juntamente com túnicas. Freqüentemente, um belo avental era amarrado aos ombros, cobrindo toda a vestimenta. Uma capa ou xale tem sido a moda céltica dos tempos antigos até hoje. Uma saia vermelha era vestida tradicionalmente pelas mulheres nas *Gaeltachts* [áreas onde se fala o irlandês]. Em uma descrição de uma batalha entre druidas e romanos em Anglesey [ilha no litoral do País de Gales] há menção de sacerdotisas vestidas de preto. Presumivelmente, elas estavam amaldiçoando o inimigo, mas poderia também ter sido uma imagem representativa da deusa da guerra *Catubodua* ou *Badb Catha,* o "corvo de guerra". A capa/xale das *bendrui* ou *ueleda* era colocada sobre a cabeça durante cerimônias ou oferendas. As mulheres celtas usavam os cabelos trançados em diferentes estilos – rabos-de-cavalo, coques, presos no topo, etc.

Tanto homens quanto mulheres celtas usavam sapatos de couro cru e o *breccan,* ou mantas de tartã. Tecidos em estilo *breccan* eram usados em todo o mundo celta, embora hoje esteja associado principalmente com a Escócia.

Toda a nobreza celta usava *maniacis,* ou colar, que era geralmente um anel aberto na parte frontal do pescoço feito de forma tubular ou torcido em prata, bronze ou ouro. O colar *maniacis,* ou "*torque*", era associado a uma determinada *touta* ou *sliocht* (tribo).

O *tricoros* ou "*triskele*", um antigo símbolo solar representando a presença divina de *Nemos,* ou céu, foi encontrado em um medalhão pré-cristão da Irlanda.

A GEMA DRUIDA

Plínio o Velho, em sua *História Natural,* menciona os druidas confeccionando um objeto chamado *ovum anguinum,* ou "ovo de serpente", o que em gaulês teria sido denominado *ouion natracos.* Nas tradições britânica e irlandesa, era conhecido como gema da serpente, ou gema dos druidas.

A gema dos druidas era uma conta redonda de cerca de uma a uma polegada e meia [entre 2,54 e 3,80 centímetros] de diâmetro, decorada com desenhos em forma de espiral e redemoinhos. Algumas eram feitas de cerâmica (na Escócia), às vezes de vidro (encontrado no País de Gales, Escócia e Cornualha) e, na Gália antiga, era feita de conchas vazias de moluscos ou de ouriços-do-mar sem espinhos. De acordo com Plínio, um certo gaulês, que também era um cidadão romano, costumava usar um *ovum anguinum* para tentar obter sorte, mas teve que abandonar o hábito porque a magistratura romana demonstrou preconceito contra o uso de um amuleto celta.

A serpente que mora no Mundo Subterrâneo é tida como a origem desses feitiços. Miticamente, as serpentes do Mundo Subterrâneo são guardiãs dos tesouros sagrados (como o salmão na tradição irlandesa, *Fafnir* na *Saga Volsunga* [Saga dos filhos de Sturla], e a serpente no jardim do Éden). A serpente como guardiã de um mistério e/ou tesouro do Mundo Subterrâneo é um tema que retorna a uma origem comum entre indo-europeus e semitas.

NEMETON: ESPAÇO SAGRADO

Uma clareira demarcada para rituais era chamada *Nemeton* em gaulês. Seu formato era normalmente quadrado ou retangular, mas, às vezes, também circular. O quadrado ou retângulo representavam os céus. *Nemetons* circulares representavam a terra e o reino manifestado, e eram usados em cerimônias de posse reais.

O antigo Nemeton de *Emhain Macha* (*Ardmacha*) foi escavado no Forte *Navan* em *Armagh*. O tronco ao centro mostrava sinais de que sangue animal havia sido ofertado ali. Estudiosos têm especulado que este poderia ter sido o famoso *Craebh Ruadh* ou "Red Branch" (Ramo vermelho), usado em referência aos heróis do Ulster sob o reinado de *Conchobhar Mac Nessa*. O *Red Branch* era o emblema do Ulster, do *Ulaid* (*Uoluntioi*) nessa época na Irlanda antiga.

NEODRUIDISMO A PARTIR DE 1700

Os últimos vestígios das escolas *Filídhecht* foram apagados nos anos de 1600, quando os ingleses elisabetanos conquistaram e destruíram a maior parte da cultura gaélica remanescente na Irlanda. As "*plantations*" do Ulster e a extensão do *Pale* para além da província de Leinster, atravessando Munster e todo o caminho até Connacht, aniquilaram a antiga aristocracia gaélica e grande parte de sua cultura. Mais tarde veio Cromwell, que enviou muitos líderes irlandeses para o "Inferno ou Connaught!"

Na Escócia, alguns bardos e vates foram deixados em áreas gaélicas das ilhas Hébridas, mas a antiga ordem gaélica estava sujeita a mais opressão inglesa. Ironicamente, foram os ingleses os que primeiro se interessaram pelos druidas da antigüidade nos anos de 1700. William Stukeley imaginou que eles fossem os construtores do Stonehenge e outros monumentos megalíticos. Ingenuamente, os maçônicos ingleses inventaram falsas ordens de druidismo, incorporando várias idéias especulativas com vôos de imaginação. Galeses como Edward Davies imitaram essas novas caricaturas dos druidas, durante o Iluminismo, quando o Romantismo estava crescendo como um movimento contra a Era da Razão. O pêndulo balançou, e quando a era romântica começou, Edward Williams passou a se chamar "Iolo Morganwg", inventou sua própria forma de druidismo (ou "Bardismo") e forjou documentos, os quais atribuiu a um galês chamado Llywellyn Sion.

Ele escreveu suas falsificações em galês e as publicou com sua própria tradução em inglês como *Iolo Mss* pela Sociedade Galesa de Manuscritos, no início do século XIX. Dois volumes póstumos das falsificações, organizados por John Williams, foram editados juntos em 1862, como *Barddas*. Esta foi a primeira obra orgulhosamente aclamada como um livro do antigo misticismo galês, mas no final do século XIX houve a suspeita de que se tratava de uma fraude. No início do século XX, G.J. Griffiths provou conclusivamente que se tratava de uma falsificação.

Tentando estabelecer uma grande tradição bárdica para o sul do País de Gales competir com o norte, Iolo Morganwg falsificou uma descrição histórica indicando que o druidismo sobreviveu até o século XVII. Ele alegou que a informação apresentada vinha de bardos anteriores, como Llywellyn Sion.

Enquanto Morganwg ajudou, de fato, a estabelecer uma tradição galesa sulista de *eisteddfod* (eye-stedh-vod), seu neodruidismo farsante refletia o deísmo, o unitarismo e as idéias neoplatônicas. Suas doutrinas de reencarnação incluíam um lugar para a punição conhecido como "Annwn". "Abred" para este mundo, "Gwynfyd" para o céu e "Ceugant" para Deus refletem a metafísica aristotélica e platônica, e também o deísmo.

Morganwg inventou o *coelbren y Beirdd,* uma versão primitiva do moderno alfabeto galês de letras latinas projetadas para serem entalhadas em madeira. Ele também criou o lema *Y Gwir yn erbyn Y Byd,* "A verdade contra o mundo", e quatro "Albans" (Hefin, Elfed, etc.). As três linhas verticais chamadas *trilithon* (também conhecidas como "raios de Awen") são criações dele também. Outros conceitos incluíam o *dasgubell rhod,* o *Hirlas horn,* o *Gorsedd* e a má transliteração de *Uates* para "*Ovates*".

Morganwg, provavelmente, tinha um bom conhecimento dos estudos clássicos, mas infelizmente nada sabia sobre a tradição irlandesa, a que melhor preservou os costumes druídicos. *Gorsedd of bards,* "Ovates", *Druids at Welsh eisteddfodau* e as organizações que deram origem às Ordens Druidas Inglesas (uma delas dirigida por Thomas Maughan e Ross Nichols), todas incorporaram o pseudo-druida de Morganwg (Williams) em seus trabalhos.

Mais tarde, idéias da Gardnerian Wicca [Wicca Gardneriana] foram incorporadas, assim como a magia hermetista e cabalística dos grimórios. Lamentavelmente, e ironicamente, parece que o neodruidismo compensou a sua falta de autenticidade ao druidismo apanhando emprestado materiais de vários outros sistemas. O druidismo é celta e, naturalmente, seria melhor representado num país celta como a Irlanda ou Escócia, ao invés da Inglaterra. Infelizmente, o País de Gales tem sido mais dominado pela cultura inglesa do que a Irlanda.

A cultura celta floresceu na renascença literária do final do século XIX na Irlanda. Mesmo escritores considerados anglo-irlandeses como W. B. Yeats e Douglas Hyde encantaram-se com o passado celta irlandês. O interesse renovado no folclore e costumes populares despertou estudiosos, filólogos, folcloristas e músicos para coletar material nas *Gaeltachts* (gayltokhts), onde ainda se fala o irlandês gaélico como a língua do dia-a-dia.

Grandes livros medievais irlandeses foram finalmente traduzidos e publicados. Intelectuais renomados como George Calder, Robin Flowers, Lady Gregory, R. A. Stewart Macalister, Rudolf Thurneysen, Osborn Bergin, Myles Dillon, T. F. O'Rahilly e Sean Delargy fizeram contribuições inspiradas ao estudo da antigüidade histórica e literária irlandesa, influenciando, no processo, grandes bardos e poetas contemporâneos.

Nas Terras Altas da Escócia, uma grande renascença céltica também se espalhava. De fato, o interesse no antigo folclore celta começou na Escócia logo após a exposição das falsificações de James MacPherson. MacPherson alegava ter reunido pequenos poemas do ciclo Feniano, embora ele mesmo os tenha composto no idioma gaélico original. Nos contos Fenianos de Mack, Finn Mac Cumhail era chamado "Fingal" e Oisín (usheen) era chamado "Ossian" (awshin). Esse material feniano foi tão influente que a paixão do movimento romântico pela literatura medieval se disseminou por causa da popularidade de suas criações literárias. Até música sinfônica foi composta sob a inspiração das histórias de MacPherson sobre Fingal e Ossian, que se tornaram bastante populares no continente europeu.

Na segunda metade do século XIX, Alexander Carmichael começou a coletar material do folclore das Terras Altas. Sua coleção de oito volumes *Carmina Gadelica* continua sendo publicada, mesmo depois de muito tempo após a sua morte, e permanece como uma grande fonte para aqueles interessados em formas mais recentes da magia popular celta.

Nos Estados Unidos, o movimento druídico começou um pouco confuso, através de versões norte-americanas das Ordens Druidas da Inglaterra. Mais tarde, durante o período da emigração irlandesa, no século XX, o interesse pelo romantismo irlandês cresceu, mas os americanos de origem irlandesa e escocesa se interessavam pela cultura celta de forma limitada. (Infelizmente, muitos americanos de descendência galesa esqueceram-se de suas raízes, desde a vinda de seus antepassados a partir de 1700.)

Na Grã-Bretanha, no entanto, verificou-se um verdadeiro renascimento. De Londres, Colin Murray liderou uma organização chamada o G.S.O. – *Golden Section Order* (Ordem da Seção Dourada) e publicou um lindo boletim informativo, com ilustrações e colorido à mão, chamado *New Celtic Review* [Revista Novo Celta]. Na Escócia, a *Keltic Research Society* [Sociedade de Pesquisa Celta] foi formada por J. A. Johnston ("Kaledon Nadair"), que publicou o jornal *Inner Keltia* [Celta Interior], reimpressões de contos populares e *The Pictish Shaman* [O Xamã Picto]. Ele fundou a Faculdade do Druidismo por volta de 1980 em *Caer Aedin*, ou Edimburgo, ensinando cabala e as tradições bardas de Iolo Morganwg, assim como a genuína cultura popular celta.

A imaculada religião celta parece ser o principal interesse de apenas poucos grupos; a maioria está concentrada na adoração da "Deusa Mãe" ou numa mistura pan-européia da *Wicca* neopagã. Existem muitas comunidades da *Dianic Wicca*, a maioria é devota da "Deusa Mãe" e do livro *The White Goddess* [A Deusa Branca], de Robert Graves. Com exceção de alguns esparsos grupos célticos ao redor do mundo de língua inglesa, o *Comardia Druidiacta Bitons,* sediado nos Estados Unidos, é um dos poucos movimentos culturais e espirituais puramente celta. Espalhou-se da Austrália até Quebec e França. *Druidiactos* não é apenas mais uma organização neopagã, mas um movimento pós-moderno de renascença céltica, começando pelas raízes. A organização *Breton Druids* [Druidas Bretões], aliada aos *Druidiactos,* é chamada *Comardia Druuidiacta Aremorica.* Ela publica trabalhos em francês, representando autenticamente um renascimento do sistema religioso céltico ou druídico.

Eu coordenei a *Comardia Druidiacta Bitons* e a *Uxsello-Druidiaxton* (faculdade druídica). Para meus colegas bretões, sou conhecido pela tradução do meu primeiro nome para o gaulês: *Tasgos* (gaulês para Tadhg). O *Allio-Ver-Druis* é *Uindoderuos* (M. G. Boulet) de Quebec. O caminho espiritual celta é o druidismo, que é a mágica da *Druidecht* [feitiçaria] (*draíocht,* no irlandês moderno) dos Druidas, a *Filídhecht* [poesia] (filíocht, no irlandês moderno) dos filídh, e a magia céltica de toda a cultura e mitologia celta.

Nem todo mundo é um druida no caminho celta dos *Druidiactos,* assim como nem todos os hindus são bramas, nem todos os cristãos são padres, bispos ou pastores, e nem todos os judeus são rabinos. O druida é o sacerdote do povo do caminho celta. Seu trabalho é dirigir cerimônias, assegurar-se de que erros não serão cometidos nos rituais, organizar encontros e ajudar os outros. O caminho celta também envolve guerreiros, tradições de artes marciais, cavalaria, modos e etiqueta.

Druidiacta é também uma organização cultural devotada ao estudo dos costumes celtas, no passado e no presente, e à preservação da antiga herança céltica. Grande parte deste trabalho está sendo feito nas *Gaeltachts* da Irlanda, Escócia e muitas áreas do País de Gales, Bretanha e Cornualha. A herança céltica também pode ser encontrada intacta na Nova Escócia, nos montes Apalaches e em muitas outras cidades dos Estados Unidos e Canadá. Existem celtas na Austrália e na Nova Zelândia que também estão preservando suas heranças nestes países.

O druidismo não é o "Bardismo" de Iolo Morganwg, nem a fé britânico-israelita, nem o cabalismo, nem o neoplatonismo, nem o pitagorismo, nem os wiccas, nem a veneração feminista à "Deusa Mãe". Druidismo é a herança cultural e espiritual dos povos celtas, uma religião politeísta descendente do passado proto-indo-europeu. Foi levada para a Europa ocidental pelos indo-europeus que falavam dialetos celtas.

Indivíduos celtas – entre eles, reis, mães, druidas, guerreiros, lavradores e pastores – se estabeleceram e conquistaram a Europa ocidental e ensinaram o povo da Idade da Pedra a usar o bronze e a falar o idioma celta, além da magia do druidismo.

O FUTURO DO DRUIDISMO

Enquanto existirem pessoas dispostas a recordar sua herança celta e suas contribuições para a cultura e civilização modernas, incluindo as lendas, contos populares e mitos dos povos celtas, haverá aqueles que sonham com a antiga magia celta, com Finn, CúChullain e outros heróis, divindades celtas e lugares sagrados. Eu escrevi *The Sacred Cauldron* ["O Caldeirão Sagrado"] para essas pessoas, com o objetivo de proporcionar-lhes uma profunda compreensão e apreciação do sistema céltico.

Onde houver celtas irlandeses, haverá pessoas cujas raízes remontam aos iniciados da Irlanda antiga. Nomes de família indicando a linhagem dos druidas incluem O'Droody e Drury <Ó Druada ("descendente de Druida"); dos *filídh*, Neeley, McNeely e McNeilly <mac an Fhiledh ("filho de fili"); dos curandeiros, Hickey e O'Hickey <Ó h-Iceaidh ("filho de curandeiro"); dos bardos, Ward e MacAnward <Mac an Bháird ("filho de bardo"); dos satíricos, MacCrossan, McEncrossin, McCrossen, Crossen, Cross, Crosbie e Crosby <Mac an Chrosáin ("filho de satírico"); dos fer-

reiros, O'Gowan, McGowan e Gowan, McGahen <O Gabhain/ O Gobhain ("descendente de ferreiro") e Mac Gobhain ("filho de ferreiro"); e dos *Brehons* ou juízes, Abraham e O'Brahan, <O Breithemháin. A classe instruída do Antigo Irlandês tornou-se conhecida como *Aes Dána* ou "Homens das artes," e este título persistiu durante todo o período medieval. Essa é a forma na qual nomes passavam adiante (assim como as profissões). Após as conquistas inglesas, muitos nomes gaélicos foram anglicizados pelas traduções ou novas grafias. Nomes galeses e escoceses passaram por semelhantes anglicizações.

Estamos entrando na era pós-moderna; os povos estão retornando às suas raízes espirituais e culturais. Recursos estão escassos. A Terra e sua atmosfera não podem suportar mais poluição; devemos terminar com a explosão populacional. A tecnologia pode ter sido a responsável por muitos de nossos atuais problemas de superprodução, mas ela também nos encaminhou para a solução desses problemas. Devemos permitir nosso crescimento espiritual e individual enquanto usamos as novas ferramentas tecnológicas em benefício da humanidade, e não para a destruição de nossos recursos naturais. As pessoas não terão como manter estilos de vida materialistas e gananciosos em um futuro próximo.

Caminhos espirituais como o druidismo estão passando a significar mais para nós porque enfatizam a família, o aconchego do lar e estilos de vida naturais em harmonia com a ecologia do cosmos e com a diversidade humana. As pessoas estão encontrando prazeres maiores na leitura de bons livros, na música popular ou na simples companhia dos amigos e da família. Talvez, no futuro, menos tempo e dinheiro sejam desperdiçados com especulações sobre os estilos de vida decadentes dos ricos e famosos, e as pessoas, então, começarão a voltar suas energias para caminhos positivos de purificação do meio ambiente e de seus recursos preciosos.

Nas religiões tribais e populares, os mais velhos são respeitados por sua experiência e discernimento que ganharam com a idade. Assim é como antevejo a era pós-moderna. A velha visão modernista ditava que tudo seria mudado e que a geração anterior tinha feito tudo errado. Na era pós-moderna, apesar dos tempos irem e virem, as pessoas retornarão ao que deu certo no passado, com a crença de que o que resistiu servirá tanto ao presente quanto ao futuro.

O retorno dos povos nativos americanos às suas tradições, dos japoneses ao xintoísmo, dos afro-americanos às tradições africanas, dos povos germânicos para *Asatru* ou *Troth*, dos hindus para *Sanatana Dharma* e dos celtas para *Druidiacta* são sinais dessa tendência.

O movimento é anti-racista e antietnocentrista porque permite as pessoas serem o que realmente são, a crescer com suas próprias identidades culturais, e a resistir a uma religião ecumênica monolítica para toda a humanidade. Universalismo e sincretismo forçam todas as pessoas a se conformarem com um único caminho.

Alguns seguidores da Nova Era e neopagãos gostariam de unificar todos os sistemas religiosos sob um único e monolítico sistema sincrético, em busca do relativismo cultural. Tal sistema sugere, na verdade, que minorias étnico-religiosas são de alguma forma inferiores e devem ser agrupadas num império religioso maior. Não é melhor permitir que diversos sistemas permaneçam fiéis às suas próprias tradições e histórias, do que insistir na mistura com práticas e crenças possivelmente incompatíveis? A genuína tolerância religiosa vai além do sincretismo e da unidade superficial.

A "Nova" Era não é tão nova assim; ao contrário, é um tempo de reviver antigas idéias. Acredito que veremos o retorno do druidismo céltico, com seus deuses superiores, o *Tuatha Dé Danann, Aes Sidhe* ("gente de paz") ou *Daoine Sidhe* ("povo de paz"), deusas regionais e da água, o sacerdócio de *Druides, Uates* ("profetas") e *Gutuatres* ("evocando sacerdotes"), e *Bardoi* ("bardos").

Nemetons serão reconstruídos como no passado em terrenos sagrados, consagrados pelos poderes do cosmos. As pessoas sentirão uma afinidade maior com seu ambiente natural e as condições climáticas, e terão menos necessidade de viajar com motores queimando combustível, à medida que interagirem com a realidade virtual de seus sistemas de computador.

É tarefa das gerações futuras a pesquisa séria de antigos costumes de crenças ancestrais e a reconstrução da sabedoria do passado, com vistas à preservação das heranças culturais no presente. Para os celtas isso significa retornar às fontes originais, indagando os druidas mais antigos sobre suas tradições nativas, utilizando métodos científicos e bem fundamentados de reconstrução, em vez de reinventar o druidismo por intermédio de suposições e ficções de revisionistas modernos e pretensiosos.

GLOSSÁRIO*

Adbertos (Gaulês) – oferenda ou ritual no qual algo é dado aos Deuoi (deuses).

Andumnos (Gaulês) – o Mundo Subterrâneo, o Outro Mundo ou o Mundo Baixo que corresponde aos Campos Elíseos dos gregos e tártaros, e ao Valhala e Hel teutônicos. Existem muitas ilhas no Outro Mundo celta. Andumnos foi posteriormente chamado Annwn, em galês, e Andomhain, em irlandês arcaico (gaélico).

Artur – lendário rei britânico, soberano dos cavaleiros da Távola Redonda, que se tornou personagem de um conjunto de poemas e de um ciclo de romances medievais, sobretudo nos séculos XII e XIII. Na vida real, parece ter sido chefe de um clã britânico que teria tido participação decisiva numa importante batalha.

Ategenos (ah-teh-gen-awss) – renascimento, encarnação ou manifestação de uma característica,

* O Glossário foi complementado para a edição brasileira pelo *Revisor Técnico*. Os termos em negrito são os esclarecidos pelo autor. Os demais foram acrescidos pelo *R. T.* para o público brasileiro.

talento, conceito, espírito ou divindade em forma humana. É normalmente transmitido geneticamente.

Barddas – obra em dois volumes sobre os ensinamentos, a sabedoria e o antigo pensamento druídico nas Ilhas Britânicas compilado por um bardo do País de Gales no final do século XVI.

Bardos, plural *bardoi* (Gaulês, Britônico, Goidélico) – antigo termo celta para poeta ou declamador que fazia elogios aos grandes heróis e líderes, ou sátiras (pragas e insultos).

Brehon (do irlandês *breithamháin*) – juiz ou jurista medieval irlandês; um especialista da antiga classe druídica que sobreviveu à cristianização.

Celta – grupo étnico ancestral dos irlandeses, escoceses, galeses, córnicos (da Cornualha), bretões e do manês [da Ilha de Man], além de uma grande porcentagem dos franceses, belgas e suíços. Céltico e celtófono são derivados dessa palavra. As pessoas que pertencem ao movimento *Druidiactos* são chamadas *Keltoi* (kel-toi) (singular Keltos e Kelta).

CúChullain (koo-khullin) – grande herói épico das antigas histórias do Ulster como "Cattle Raid of Cooley" no *Táin Bó Cuailnge* (toyn bo kooling). Ele era a encarnação ou manifestação de Lugus (Lugh ou Llew), o grande deus celta.

Deva – no vedismo (período inicial da religião indiana), deus pertencente ao grupo dos devas, uma das subdivisões do panteão hindu.

Diana – deusa romana da caça e da lua que, mais tarde, passou a ser idolatrada como a protetora da mulher, principalmente na hora do parto. Acredita-se que a lua e a mulher possuem grandes afinidades por causa do ciclo mensal feminino.

Dianic Wicca – linha de tradição Wicca devota da "Deusa", ou Diana.

Druida – palavra inglesa derivada de um termo latinizado para designar um sacerdote e professor celta, que servia como juiz, advogado e primeiro-ministro dos antigos reinos e tribos celtas. No antigo idioma celta, esta palavra era *Dru-is*, *Druis* em Gaulês, *Druí* no Antigo Irlandês, *Dryw* no Antigo Galês. Na religião celta moderna, um *Druis* ou Druida é o ministro, muito parecido com um *purohit* ou *pundit* no hinduísmo, um pastor no cristianismo, um rabino no judaísmo. Na maioria dos "Druidismos" não-célticos de hoje, o termo Druida é dado a todos os praticantes como se fossem todos membros de um clérigo ou sacerdócio. Esta é uma prática desinformada que toma partido do nome do venerável sacerdócio celta.

Druidiactos (também *Druidiaxtos*) – movimento celta religioso de retorno aos valores tradicionais pré-cristãos, costumes e fé do povo celta. O nome é uma forma reconstruída da usual palavra do antigo idioma celta para "druidismo", assim como bramanismo é algumas vezes usado como sinônimo para a religião védica da Índia antiga.

Erínias (Fúrias) – na mitologia grega, as três deusas vingadoras: Tisífone (a vingadora do crime), Megera (a vingadora dos céus) e Aleto (a sempre irada). Na maioria dos relatos, são filhas de Géia e Urano e às vezes recebem o nome de filhas da Noite.

Escatologia – doutrina das coisas que devem acontecer no fim dos tempos, no fim do mundo.

Estrabão (63? a.C.-24? d.C.) – geógrafo e historiador grego. Afirmou haver viajado da Armênia à Sardenha e do mar Negro à Etiópia. Somente se conservam alguns fragmentos de seu trabalho histórico. Sua *Geografia* é uma descrição detalhada do mundo tal como se conheceu na Antigüidade.

Eumênides – na mitologia grega, antigos espíritos ou deusas da terra, associados à fertilidade, mas também possuidores de certas funções morais e sociais.

Filí (fee-lyeh) – poeta-mágico, ou vidente, que praticava magia celta e rituais místicos. O *filí* era um praticante solitário, algo como um xamã em outras culturas.

Finn Mac Cumhail (*finn mok kool*) – grande herói e encarnação de Uindos (ou *Cernunnos,* em grego), filho de Noudons em um grupo de grandes contos épicos e romances conhecidos como ciclo Feniano.

Gaiatri – prece que os hinduístas dirigem ao Sol ao alvorecer e ao anoitecer.

Gália – antigo país no território da França atual, que foi conquistado pelos romanos.

Gardnerian Wicca ou Wicca Gardneriana – linha de tradição Wicca desenvolvida por Gerald B. Gardner, considerado o avô de grande parte dos neo-Wicca.

Geis ou geas (gayss), plural *geassa* (gassa) – feitiço ou encantamento no qual uma certa ação ou comportamento causará uma outra ação ou efeito. Geralmente assume a forma de um tabu ou destino, como quando CúChullain ouviu por acaso Cathbad dizer que qualquer garoto que aceitasse armas naquele dia estaria predestinado a ser um grande herói; e ele pediu armas ao seu rei.

Jainismo – uma das mais importantes religiões da Índia. Foi fundada por Vardhamana Jnatiputra ou Nataputta Mahavira, entre 599 e 527 a.C., e assemelha-se muito ao budismo. Rejeitam a origem divina, a autoridade dos veda e veneram os santos que oferecem a salvação. Admitem a existência, como instituição, das castas e praticam um grupo de 16 ritos essenciais. Para o jainismo, é fundamental a doutrina das duas eternidades, conhecidas como jiva (alma vivente: a que desfruta) e ajiva (objeto sem vida: a que desfrutou).

Juliano-Gregoriano - No ano 45 a.C., Caio Júlio César, estadista e general romano, decidiu usar um calendário estritamente solar. Esse calendário, conhecido como juliano, estabeleceu o ano normal, com 365 dias, e o ano bissexto, a cada quatro anos, com 366 dias. O calendário juliano também instituiu a ordem dos meses e dos dias da semana tal como aparece nos calendários atuais. O ano juliano era 11 minutos e 14 segundos maior do que o ano solar. Essa diferença se acumulou até que, por volta de 1582, o equinócio da primavera aconteceu dez dias antes e as festas da Igreja não foram realizadas nas estações apropriadas. Por isto, o papa Gregório XIII promulgou um decreto eliminando 10 dias do calendário. Para prevenir novos deslocamentos, instituiu um calendário, conhecido como gregoriano, estabelecendo que os anos centenários divisíveis por 400 deveriam ser bissextos e que todos os demais anos centenários deveriam ser normais. O calendário gregoriano foi sendo adotado lentamente em toda a Europa. Hoje é válido em quase todo o mundo ocidental e em partes da Ásia.

Lebor (l'yower) – palavra do Antigo Irlandês para designar livro.

Mabinogi ou Mabinogion – coleção da literatura galesa composta entre a segunda metade do século XI e final do século XIII, baseada na antiga tradição oral, composta por onze contos anônimos que introduzem elementos da mitologia e folclore galês na lenda arturiana.

Mistérios da Deusa – espécie de filosofia esotérica que acredita que dentro de cada ser humano existe o poder da Deusa, uma entidade superior ligada à energia produtiva da Terra.

Noudons (noh-dawns) – deus celta que representava o velho rei aposentado, um mago e de uma presença paternal mística. Ele era o rei maculado, um selvagem velho homem e um criador de leis. Era chamado *Nuada Airgetlamh* (noo-uh Arrigetlouw) no Antigo Irlandês, *Nudd* (neethe) ou Lludd Llaw Ereint (hleethe hlouw air-eint) em galês.

Odin (antigo escandinavo *Odhinn,* anglo-saxão *Woden,* antigo alto-germânico, *Wodan, Woutan*) – na mitologia escandinava, rei dos deuses. Seus dois corvos negros, Huginn ("Pensamento") e Muninn ("Memória"), voavam todos os dias para saber notícias dos fatos ocorridos no mundo. Além de deus da guerra, era o deus da sabedoria, da poesia e da magia.

Ogamo (oh-um) – Os entalhes e linhas esculpidos em pedaços de madeira ou pedras pelos *filídh* irlandeses e outros povos iniciados. [Pode ser visto, também, como um sistema de escrita alfabética conhecido basicamente através de inscrições do século V, composto, em sua forma típica, de 15 símbolos consonânticos, formados de linhas (riscos na beira da pedra) e de cinco símbolos vocálicos, formados de pontos (buracos na pedra). *R.T.*]

Oliver Cromwell (1599-1658) – comandante do exército reconhecido como a figura política e militar mais importante da sua época, na Grã-Bretanha. Desempenhou um papel decisivo no julgamento que condenou o rei Charles I à morte (1649). Uma de suas primeiras tarefas logo após a execução do monarca foi a submissão da Irlanda e da Escócia. Na condição de lorde protetor da Inglaterra, Escócia e Irlanda, governou como um verdadeiro ditador. Em 1649, as tropas de Cromwell massacraram a revolta irlandesa contra a dominação inglesa e ainda expulsaram os irlandeses católicos de suas terras, removendo muitos deles para a província de Connacht.

Ônfalo – na mitologia grega, grande pedra sagrada do templo de Apolo, em Delfos, considerada como o centro do mundo, e que simbolizava a fecundidade da terra.

Pale – área ao redor de Dublin que limitava a parte da Irlanda controlada pelos reis ingleses durante a Idade Média.

Parse – antigo grupo de persas zoroastristas que emigrou e se estabeleceu na Índia.

P-celta – língua gaulesa-britônica da qual descendem o córnico, o bretão e o galês.

Plantations – política introduzida no século XVI na Irlanda por Mary I, filha do rei Henry VIII da Inglaterra, em que terras irlandesas eram tomadas de seus donos e dadas a colonos ingleses e escoceses.

Plínio o Velho (c. 23 -79) – escritor e enciclopedista romano, a maior autoridade científica da Europa antiga.

Q-celta – língua goidélica ou gaélica arcaica da qual o Antigo Irlandês evoluiu e se desenvolveu para o Médio Irlandês e, mais tarde, para o Irlandês Moderno, gaélico (gaélico escocês) e gaélico manês. Os irlandeses chamam "quatro" e "cinco" *ceathair* e *cúig* (ka-her e koo-eeg), no gálico escocês é *ceithair* e *coig* (keh-her e koyk).

Robert Graves (1895-1985) – poeta, romancista e erudito inglês. Entre os seus ensaios sobre mitologia, cabe destacar *O velocino de ouro* (1944),

A deusa branca (1947) e *Mitos e lendas gregas* (1968). Como prosador, escreveu, entre outros, *Adeus a tudo isso* (1929, revisado 1957) e obras de ficção histórica como *Eu, Cláudio* e *Cláudio e deus* (ambos em 1934), *Rei Jesus* (1946) e *A filha de Homero* (1955). Após seu primeiro livro de poesia, *Fadas e fuzileiros* (1917), publicou *Poemas completos* (1959, 1975).

Samhain – Festival celta que marcava o final do verão e o início do inverno. Celebrava o final de um ano pastoril e o começo do próximo. Era uma data cercada de significados místicos, comemorada na noite de 31 de outubro e no dia primeiro de novembro. Acreditava-se que era um período de perigo e vulnerabilidade, quando as leis naturais do mundo eram, momentaneamente, suspensas. As barreiras entre o mundo real e o supernatural se dissolviam e os espíritos do Outro Mundo poderiam se mover livremente na terra dos vivos. A festa de *halloween* (*All Hallow E'en* ou 'véspera do dia de Todos os Santos') - o Dia das Bruxas - está relacionada com este festival.

São Patrício ou St Patrick (c.389-c.461) – Santo padroeiro da Irlanda que entrou para a história como o responsável pela introdução do cristianismo e do catolicismo no país. Também conhecido como o Apóstolo da Irlanda.

Sidhe (shee) – "Paz" no Antigo Irlandês. *Aes Sidhe*, "ou povos de paz", é o nome para os espíritos e fantasmas do Outro Mundo.

Stonehenge – monumento pré-histórico situado na planície de Salisbury, ao sudoeste da Inglaterra, situado entre o neolítico (final da Idade da Pedra) e a Idade do Bronze. É o mais famoso dos monumentos megalíticos da Inglaterra e a estrutura pré-histórica mais importante na Europa. É formado por quatro círculos concêntricos de pedra.

Suna – entre os muçulmanos, conjunto de preceitos, práticas e costumes tradicionais orientadores da vida e da ação em sociedade, estabelecido e codificado no século VIII, com base nas palavras e feitos de Maomé e dos quatro califas ortodoxos, e que alguns consideram o corpo normativo e legal suplementar ao Corão e logo abaixo dele, em importância.

Tara – local sagrado na mitologia irlandesa, morada de reis e onde eram encenados rituais de iniciação à realeza sacra. Significa, também, a Irlanda antiga.

Tartã – lã com desenhos geométricos, conhecida como tecido escocês, com a qual são confeccionadas as roupas usadas nas terras altas da Escócia.

Teutões – antigo povo germânico que no princípio vivia na península da Jutlândia. Em aproximadamente 120 a.C., uniu-se aos cimbros em sua emigração para o sul.

Teutônico – relativo a teutão ou têutone, ou próprio do povo desse nome.

Tír na nóg – é a terra da juventude eterna, uma das descrições do Outro Mundo feliz da tradição mitológica irlandesa, onde não existe dor ou decadência de qualquer tipo, e ninguém envelhece. Tudo é bonito, prazeroso e perene. É a terra em que o poeta Oisin, filho de Finn, vive com Niav, filha do rei da Terra da Juventude Eterna.

Touta (toh-oo-tah, toh-tah) – tribo ou grupo de pessoas com interesses comuns que se reúnem regularmente. Eles formam uma comunidade local. No *Druidiacta, touta* se refere a uma congregação de pessoas que se encontram mensalmente, ou pelo menos quatro vezes por ano para celebrar os festivais celtas.

UerDruis (também *Verdruis*) – líder do movimento religioso celta. Esta é simplesmente a palavra *Druis* com o prefixo *Ver*, que significa "sobre". Um *Verdruis* é literalmente o supervisor ou superintendente do movimento e organização *Druidiactos*. Nos tempos antigos, um *Verdruis* era simplesmente o druida que promovia encontros de *toutas* em um dos grandes centros de rituais, como Carnutes (Chartres) e Lugudunon (Lyon) na Gália, e Tealunhair (Tara) na antiga Irlanda.

Valquírias – na mitologia escandinava, cada uma das mensageiras do deus Odin que escolhiam os heróis que morreriam na batalha, conduzindo-os depois ao Valhala, palácio paradisíaco.

Vate – aquele que cria ou escreve poesia, poeta.

Xamã – em todas as sociedades humanas que apresentam formas de ritualismo mágico-religioso, indivíduo escolhido pela comunidade para a função sacerdotal, freqüentemente em decorrência de comportamentos incomuns ou propensão a transes místicos, e ao qual se atribui o dom de invocar, controlar ou incorporar espíritos, que favoreceriam os seus poderes de exorcismo, adivinhação, cura ou magia.

Xintoísmo – religião japonesa primitiva que, desde tempos imemoriais, tem desempenhado um papel de grande importância dentro da cultura e história nipônicas. Relaciona-se, intimamente, com o caráter nacional japonês. A forte influência que exerce deve-se, em parte, à sua capacidade de coexistir harmoniosamente com outras religiões, especialmente o budismo. A religião xintoísta surgiu durante o período pré-histórico *Yayoi,* unindo o xamanismo nativo, o animismo e as crenças populares.

W. B. Yeats (William Butler Yeats) – poeta e autor teatral irlandês, Prêmio Nobel (1923) de Literatura. Foi o representante máximo do Renascimento irlandês e um dos escritores mais destacados do século XX.

Wicca – É como se chama a feitiçaria moderna. Considerada por seus seguidores como uma religião, está baseada numa filosofia mágica de vida que envolve os ciclos da natureza, além de várias formas de Magia Branca e rituais para harmonização pessoal.

Zoroastrismo – antiga religião persa fundada no século VII a.C. por Zoroastro (ou Zaratustra), caracterizada pelo dualismo ético, cósmico e teogônico que implica a luta primordial entre dois deuses, representantes do bem e do mal, presentes e atuantes em todos os elementos e esferas do universo, incluindo o âmbito da subjetividade e das relações humanas. Os zoroástricos, chamados parses, são numerosos na Índia.

BIBLIOGRAFIA

CAREY, John. "Listening to the Celts." *Gnosis*, Fall, 1988.

CARMICHAEL, Alexander. *Carmina Gadelica*. Edinburgh: Oliver and Boyd, 1900.

CROSS, Tom P.; SLOVER, Clark Harris, editors. Ancient Irish Tales. Chicago e New York: Barnes and Noble, 1966.

DAVIDSON, Hilda Rogerick Ellis. *Myths and Symbols in Pagan Europe*. Syracuse: Syracuse University Press, 1988.

DELANEY, Frank. *The Celts*. Boston: Little and Brown, 1986.

DEVRIES, Jan. *Keltische Religion*. Stuttgart: Kohlhammer, 1961.

DILLON, Myles. *Celts and Aryans: Survivals of Indo-European Speech and Society*. Calcutta: Indian Institute of Advanced Study, 1975.

GODWIN, David. *Light in Extension*. St. Paul, Minnesota: Llewellyn, 1992.

HERLIHY, David. *Medieval Households*. Cambridge, Massachussetts: Harvard University Press, 1985.

KELLY, Aidan. *Crafting the Art of Magic*, Volume One. St. Paul, Minnesota: Llewellyn, 1991.

LINCOLN, Bruce. *Myth, Cosmos and Society*. Cambridge, Massachusetts: Harvard University Press, 1985.

LITTLETON, C. Scott. *The New Comparative Mythology*. Los Angeles: University of California Press, 1982.

MACCROSSAN, Tadhg. *The Sacred Cauldron*. St. Paul, Minnesota: Llewellyn, 1991.

MATTHEWS, Caitlin. *Elements of the Celtic Tradition*. Wellingborough: Element Books, 1989.

PIGGOTT, Stuart. *The Druids*. London: Thames and Hudson, 1968.

POLOME, Edgar C. "Some Thoughts on the Methodology of Comparative Religion, with Special Focus on Indo-European" in *Essays in Memory of Karl Kerenyi*, Journal of Indo-European Studies Monograph Series Number 4. Washington: Institute for the Study of Man, 1984.

REES, Alwyn and Brinley Rees. *Celtic Heritage*. London: Thames and Hudson, 1961.

ROSE, Elliot. *A Razor for a Goat*. Toronto: University of Toronto Press, 1989.

THORSSON, Edred. *A Book of Troth*. St. Paul, Minnesota: Llewellyn, 1989.

_______________. *The Truth about Teutonic Magick*. St. Paul, Minnesota: Llewellyn, 1990.

WEBB, James. *The Occult Underground*. LaSalle, Illinois: Open Court Press, 1974.

LEIA TAMBÉM DA MESMA COLEÇÃO

LEIA TAMBÉM DA MESMA COLEÇÃO

Para saber mais sobre nossos títulos e autores,
visite nosso site:
www.mauad.com.br

Este livro, da MAUAD Editora,
foi impresso em papel ofsete 75g,
na gráfica Sermograf

LEIA TAMBÉM DA MESMA COLEÇÃO